米苏夫人的闺密悄悄话

极简怎么减

[德] 米苏夫人 著

谭秋果 译

青岛出版集团 | 青岛出版社

Madame Missou lebt minimalistisch
© 2018 GABAL Verlag GmbH, Offenbach
Published by GABAL Verlag GmbH
Simplified Chinese Language Translation Copyright © 2022
by Qingdao Publishing House Co., Ltd., arranged through CA-LINK
International LLC. (www.ca-link.cn)

山东省版权局著作权合同登记号 图字：15-2021-237

图书在版编目（CIP）数据

极简怎么减 /(德) 米苏夫人著 ; 谭秋果译. — 青岛 : 青岛出版社, 2022.1
 ISBN 978-7-5552-8672-1

Ⅰ.①极… Ⅱ.①米… ②谭… Ⅲ.①女性 - 生活方式 - 通俗读物 Ⅳ.①C913.3-49

中国版本图书馆CIP数据核字（2022）第004341号

JIJIAN ZENME JIAN

书 名	极简怎么减
著 者	[德] 米苏夫人
译 者	谭秋果
出版发行	青岛出版社
社 址	青岛市崂山区海尔路182号（266061）
本社网址	http://www.qdpub.com
邮购电话	0532-68068091
策 划	周鸿媛　王　宁
责任编辑	王　韵
特约编辑	孔晓南
封面设计	毕晓郁
照 排	青岛乐道视觉创意设计有限公司
印 刷	青岛乐喜力科技发展有限公司
出版日期	2022年1月第1版　2022年1月第1次印刷
开 本	32开（710毫米×1000毫米）
印 张	3.75
字 数	43千
书 号	ISBN 978-7-5552-8672-1
定 价	29.80元

编校印装质量、盗版监督服务电话　4006532017　0532-68068050
建议陈列类别：心理自助　励志

前言

你是否有这种感觉：自己一直在努力工作，总是忙得焦头烂额，完成了一项又一项任务，尝试将一切都安排得井井有条，却只是在原地踏步？如今，越来越多的人觉得自己被囤积的物品所束缚，而且，为了照看这些物品，自己还需要不断地付出时间、金钱和精力。

物质过剩会给人们带来负担和压力，破坏人们喜悦的心情，使人们不再无忧无虑、一身轻松。随着时间的推移，我们身边堆积的物品越来越多，这些物品逐渐占据了家里的空间，而我们留给自己的生活空间却越来越小，我们也感到越来越疲劳、紧张、无力。那些堆积的物品就像永远都处理不完的工作一样，对我们而言已经成为一种负担。**现在，是时候进行一次彻底的清理了！**

　　干净整洁的屋子，井井有条的生活，不为过去的事所困扰——这难道不是很美好吗？近些年流行的极简主义，追求的也正是这种生活状态：只关注生活中最重要的事物，把多余的、毫无用处的或者毫无意义的东西统统舍弃掉。这也正是我一直以来所追求的，一种非常健康的生活状态。所以我身体力行，并在这个过程中深刻体会到极简主义能够彻底地解放我们的心灵。

　　抱歉，我还没有做自我介绍：我是米苏夫人。对我来说，端着一杯拿铁和我最好的朋友闲谈，就足以让我感到幸福！

　　从现在开始，请卸下多余的包袱，**把空间留给你生命中真正重要的东西吧！**

米苏夫人

目录

极简主义理念　　　　　　　　　1

- 少即是多　　　　　　　　　　8
- 一心多用会给大脑带来负担　　14
- 只关注最重要的事　　　　　　22
- 有意识地放慢节奏　　　　　　25

创造极简生活　　　　　　　　　28

- 天才不拘小节　　　　　　　　32
- 为什么很多人爱囤积物品　　　35
- 如何整理房间　　　　　　　　38
- 如何使房间保持整洁　　　　　47

时间管理中的极简主义	56
• 充分利用碎片时间	60
• 停止胡思乱想，改善睡眠质量	62
• 四象限法则	66
• 制订日程表	71
将极简主义作为生活准则	74
• 明确价值观和人生欲望	76
• 找到自己的目标	88
结语	107

极简主义理念

在现代社会，越来越多的人对极简生活的渴望与日俱增，极简主义的流行也就不足为奇了。极简主义产生于20世纪90年代，继承和发展了早期现代建筑"简约"特征的思潮。极简主义艺术家的作品中往往只有明晰的几何图形、简约的线条，甚至还有大面积的留白，完全舍弃了多余的、装饰性的和花哨的设计。

在艺术领域，诞生了极简主义的基本原则：

客观性

逻辑性

简约性

第欧根尼称得上是极简主义生活方式的鼻祖。这位古希腊哲学家心甘情愿地过着清贫的生活,以一个非常简陋的木桶作为栖身之所。据说他的所有财产就是一个木桶、一件斗篷、一个袋子和一根棍子。这位大学问家以豆子、无花果和大麦为食。他认为只有从无边的欲望中解脱出来,不受外界要求强迫的人才是真正幸福的。

画重点

舍弃多余的、毫无意义的东西,摆脱束缚和依赖,只关注生活中的必需品——这就是极简主义的理念,也是许多人眼中通往幸福的正确道路。

有人也许会问："天哪，那我们现在也必须住进一个木桶里吗？"别担心，践行极简主义不意味着你要走极端。对于许多想要过上极简生活的人来说，他们第一件要做的事情是重新规划自己的日程安排。很多人之所以烦恼，是因为他们总是在大大小小的约会之间来回奔波、超负荷运转，或者是在一刻不停的物质消费中迷失了自我。

为了让自己不再受困于那些多余的负担，你应该把生活中的垃圾（包括激情消费得来的各种物品）及时清理掉。最重要的是你需要自己动手，主动地清理各种消费品。除此之外，你还需要大幅度减少使用社交媒体的时间和浏览电子设备的时间，比如少看微博和少玩手机。这样做会让你收获更加健康的人际关系，不再局限于通过网络交朋友。

我的建议:

　　学会舍弃并不意味着你要走极端。追求极简主义不需要你完全颠覆过去的生活方式,和现代社会脱节。重新审视和规划你生活中的部分领域,舍弃你根本不需要的事物就足够了。这会让你感受到心灵的解放,可以更自在地享受生活中所有美妙的事物。

少即是多

现代极简主义体现在追求简约生活。在这个物质过剩的社会,我们习惯于囤积太多毫无用处的物品。当物品囤积到一定数量时,我们就会感到不堪重负,甚至出现心理疾病。解决这一问题的方法就是"**主动简朴**"。主动简朴既可以说是一种处世哲学,也可以说是一种生活方式。它和消费主义形成了鲜明对比,其特点包括尽量减少消费、承担环境责任以及参与社会合作。这种生活方式的支持者往往会更节制、更有计划地消费,并拒绝追名逐利。

我相信,如果我们都能时不时地反思自己的消费方式,思考不断地累积物质财富是否真的有意义的话,就可以更加清醒地认识自我,获得真正的快乐。消费真的能让你感到快乐吗?你是否已经购买了太多完全不需要的物品?

有节制地消费！

我能够放弃的物品

物质的极大丰富不仅刺激了我们的消费欲望，还给我们带来了无穷无尽的诱惑。太多的私人约会让我们终日奔波，机械性地一个接着一个地赴约。我们渴望更快地获得一切，导致闲散被视作懒惰，放慢生活节奏甚至会被人指责。于是，忙碌成了大多数人的生活常态。

因此，我们这里谈论的极简主义，指的就是有意识地思考自己真正需要的是什么，而不是总想着以最快的速度完成尽可能多的工作、积累尽可能多的物品财富。请记住这个关键点——享受当下！

享受当下正是彰显极简主义精神的一种生活方式。

享受当下。

一心多用会给大脑带来负担

人类的大脑的处理能力是有限的,在同一个时间段里,我们只能处理有限的事务。这和电脑的中央处理器差不多,我们可以在电脑上同时运行多个程序,也可以在浏览器中同时打开多个标签,但是如果超过一定的数量,电脑就会变得卡顿甚至直接死机,浏览器也会变得无法响应。

人脑的短时记忆能力也是如此:一旦超过负荷,数据就会丢失。如果需要记忆的内容过多,我们往往会忘记一些内容,甚至是一些非常重要的内容。

你想知道你的短时记忆能力能够承载多少信息吗?你能够同时处理多少信息,并且能保证不会有错漏?现在就来做一个测试吧!

在下一页你将看到许多数字序列。从第一行开始,试着记住第一个数列,然后将这个数列倒着写下来。比如数列是7—4,你就写下4—7。写好后就开始记忆下一个数列。**现在就翻到下一页开始测试吧,先把第一个数列记下来,然后倒着写下来!**

7-4

2-4-8

6-3-9-1

3-7-5-2-4

8-4-2-7-1-9

1-4-9-6-5-2-7

2-4-6-8-1-9-4-3

4-6-1-7-4-9-7-2-1

3-7-1-8-9-3-5-6-7-8

现在,请告诉我,你写到哪一行了?你最多能够将多少个数字记下来并以倒序的方式写下来?

大多数人一次最多能够记住7个数字。有关短时记忆容量的研究表明,能保持在短时记忆中的信息数量约为7,也就是说,在短时间内,一般我们能记住7个单位以内的内容。当然,每个人能够记忆的信息数量是不同的,有些人能够记住9个,而有些人只能记住5个。研究者认为,能够记住的信息数量在5~9的范围内都是正常的。另外,随着年龄的增长,记忆力也会逐渐衰退。

有人好奇我能够记住多少个数字吗?我可以坦白地告诉你,我和一般人没什么两样,而且我可不想成为一个记忆大师。现在让我们重回正题吧。

只要你尝试过记忆这些数字序列，你就会深刻地感受到，这件事并不容易。全力动用我们的记忆力是一件很辛苦的事，况且在我们身边还有许多事物在分散我们的注意力。在这样的情况下，能记住3个数字就已经很了不起了。**我们天生就不适合同时处理多个事务。**

当我们同时处理多个事务时，我们的思绪就会不断地来回跳跃。这会使我们的大脑负荷过重，让我们既疲劳又效率低下。

一心多用还会给我们带来巨大的压力。当我们超负荷工作时，会感到力不从心，内心焦躁不安。此时我们的大脑就会"判定"我们此时正处于危急状态，进而激发一系列的应激反应：流汗、血压升高、心率加快、肌肉跳动。这些信号是在提示我们要赶紧逃离现在的处境。如果我们无动于衷，继续处理没完没了的工作，我们的身体就会一直处于这种"过载"的状态。长此以往，我们患糖尿病、高血压和其他疾病的风险就会增加。因此，如果你想更健康地生活，就请记住下面这句话：

不要一心多用！

只关注最重要的事

你有没有过下面这种体验：回家后，习惯性地先打开电视，再开始做其他的事，边看电视边做事，导致效率低下，电视也没看好，事也没做好。这样做完全是在浪费时间，不是吗？

践行极简主义的生活方式，能显著地提高我们的生活质量。如果我们能减少外界事物对我们的影响，比如关掉电视，全身心地处理我们手头的工作，我们就能又快又好地完成任务，大大减少出错的可能性。任务完成之后，我们就可以彻底放松下来，轻松地观看我们喜爱的节目，不会错过任何一个精彩时刻。

全身心地投入当下正在做的事中会带给我们非常美妙的感受。更为简约和有所取舍的生活方式能够让我们关注到真正重要的事物。一件一件地完成工作而不是一心多用，会让我们的注意力更加集中，这样我们就能够用全部的精力来处理手头上的工作。

有意识地放慢节奏

生活中,我们常常无意中被某种力量牵引着往前走。忙碌的工作和家庭生活时常让我们喘不过气来。

极简主义倡导的是有意识地放慢节奏。不过,放慢节奏并不是指做任何事时都慢下来,更不是让你像蜗牛一样生活。

放慢节奏指的是做事时不再焦躁，而是全身心地投入其中，享受你正在做的事。比如在进餐时，你要放慢咀嚼的速度，尽情享受美食，而不是坐在电脑或者电视机前机械地咀嚼食物。有一个词叫"慢食运动"，其中"慢食"指的就是我们不仅要慢慢品尝食物，更要懂得珍惜和欣赏食物。类似的概念还有"慢旅行"，就是指放弃包价旅游或者一条龙式的旅游服务，选择自由行，自己前往一个城市轻松地游玩、度假。

在某种程度上，**懒惰**也是极简主义理念所倡导的。那么，**我们拥有懒惰的权利吗？**

为什么会没有呢？懒惰本身有时并不是一件坏事。懒惰的人往往不为自己设定过于远大的目标，更少受到他人的影响，活得更自在。而且，有许多伟大的想法就是在懒散的状态下萌发的。

试着放空，
什么事情也不做！

创造极简生活

虽然整理家务和清除杂物能够带给人如释重负的感觉，但是有些物品我们往往难以割舍，比如虽然不喜欢但是碍于情面不好丢弃的礼物，毫无用处但是承载着一些回忆的小物件，等等。

如果你也有这样的烦恼，别担心，这是正常的，不代表你有储物癖。**随着时间的推移，我们家里的东西会越来越多，家里看起来会越来越乱，这是非常正常的现象。我们完全可以通过开启极简生活，重新让一切变得井然有序！**

有些人把收藏物品视作一种小小的癖好，认为收藏的物品有机会再次发挥它们的价值。"那个还能再用用。""这个说不定隔一段时间又会流行起来。"……相信大多数人都有过这样的想法。但实际上，大多数情况下我们都不会再用到这些物品。

不要再给自己的行为找借口了,现在就开始大扫除吧!在这之前,你可以先完成第30~31页的测试,看看自己的"囤积欲"到底有多强。

测试：你的囤积欲有多强？

1. 你是否在房间里放置了许多你根本不需要的物品？　　■ 是　■ 否

2. 你是否舍不得丢弃一些能够勾起你回忆但实际上毫无用处的物品？　　■ 是　■ 否

3. 你是否收集了过多的明信片或者信件，但没有根据它们的寄件人和重要性给它们分类？　　■ 是　■ 否

4. 你是否会长时间保存一些没有用的快递箱？　　■ 是　■ 否

5. 你是否会在箱子上面堆杂物？　　■ 是　■ 否

6. 你是否会在沙发或者躺椅等坐具上放置杂物？　　■ 是　■ 否

7. 你是否还保留着至少七年都没有穿过的衣物?　　■ 是　■ 否

8. 你是否会保留已经损坏的物品,比如有裂痕的花盆或是已经无法维修的电器?　　■ 是　■ 否

9. 你是否会将看过的报纸或者文件堆在房间里?　　■ 是　■ 否

10. 你是否经常会保留一些物品以便下次使用,而实际上很少用到这些物品?　　■ 是　■ 否

如果你的答案中有三个或三个以上的"是",就说明你的囤积欲比较强烈。你很难舍弃身边的物品,即使是那些毫无用处的物品,你也会把它们保存起来。

天才不拘小节

你是否听过这样一种说法：天才的房间都是乱糟糟的，只有蠢材才会打扫卫生。这种说法显然过于偏激了。的确，那些聪明绝顶、记忆力超群的人通常能更长久地记住物品存放的位置，因此即使房间比较乱，他们也能找到要用的物品。但是一旦囤积的物品超过了限度或是房间过于杂乱，即使是这些"天才"也会束手无策。

相比之下，那些认真整理所处的环境（尤其是工作环境）中的物品，以便自己能在需要时立马找到它们的人，效率往往会更高。道理很简单：当我们把重要的物品放在触手可及的地方时，我们就不会因为找不到要用的物品而打断自己的思路，这样我们就能全身心地投入正在做的事情中。

由此可见，**将所处环境打理得整齐有序往往能够使我们的表现更加出色，比如，使我们提升工作效率，拥有更好的工作业绩。**

这是不是一个非常棒的想法？

为什么很多人爱囤积物品

很多人常常会无意识地囤积物品。一旦一段时间不收拾房间,乱七八糟的物品就会越积越多:快递盒子散落在各个角落,塑料瓶到处都是,长年不穿的旧衣服还搭在椅子背上……

爱囤积衣物的人可能会想:那些旧衣服的款式可能会在某一天重新流行起来,如果穿坏了,还能把它们当作抹布来用。抱着这样的想法,也难怪他们的衣柜总是满满当当的。

如果他们还拥有额外的空间,比如阁楼或者车库,情况就更糟糕了。此时他们连走出去扔东西的欲望都没有,只会更加肆无忌惮地把所有东西都存放在这些空间里。

其实,在这些现象的背后隐藏着更深层次的原因,这是我在研究有储物癖的人的心理时发现的：这类人通常具有强烈的占有欲，缺乏安全感，丢弃物品会让他们倍感痛苦。

这类人往往将囤积物品视作弥补内心缺失的一种手段，比如因人际关系的缺失而保留好朋友过去送给自己的一些礼物。在这种情况下，仅仅清理物品是远远不够的，还要去建立新的人际关系，或者和逐渐疏远的好朋友重新联络。

现在，是时候拿起电话和你的老朋友叙叙旧了！

画重点

拥有很多物品的人往往会觉得有安全感,但实际上这种感觉具有欺骗性。物品越多,牵扯的精力就越多。与其盲目地囤积物品,不如问问自己,哪些才是自己真正需要的。

如何整理房间

整理房间其实一点也不难,绝对比你想象中的要轻松得多,你甚至还能从中寻获不少乐趣!重点是要克服懒惰,立马开始行动。

在整理房间前,**首先把房间划分为多个功能区**,比如办公区、收纳区、休闲区等。你可以花一些时间来划分功能区,因为这对你来说并不是难事,所以很快你就会产生成就感,为自己完成了第一步而兴奋。在这种情绪的激励之下,你会迅速开始进行下一步的工作。

接下来就要开始**清理杂物、打扫房间**了。每次清理前,你可以给自己设定好时间。比如,给自己一小时的时间来清理阁楼的杂物,到时间就立马停下手中的工作,这样大扫除就不会变为一场一眼看不见终点的马拉松。坚持稳扎稳打、循序渐进,直到一切都让你感到满意为止。

六步清理法

1. 第一步,彻底清空每个区域。比如把架子上的东西全部搬空或者把书桌上的东西全部移走。这样你的家看起来就会清爽许多。

2. 第二步,仔细打扫。用抹布、去污剂等物品对清空的区域做一次全面、彻底的打扫。

3. 第三步,有所取舍。你应该清理掉所有一年之内不会用到的东西。实在舍不得丢弃的东西可以暂时放在别处保存起来,比如放入车库,这样它们就不会占用房间的空间。

4. 第四步,统一堆放。许多小玩意儿、纸条和摆件经常散落在桌子、书架、抽屉和其他地方。你可以用一个收纳袋或者收纳盒把这些东西收集起来,统一存放。

5. 第五步，整理留下的物品。
6. 第六步，享受你的劳动成果。现在你已经"小有所成"了，你的房间看起来比之前清爽了很多，值得庆贺！先别急着继续打扫，先给自己一个小小的奖励吧！

三个箱子整理术

三个箱子整理术是简单而高效的整理收纳方法。你需要先准备三个大纸箱,如果没有纸箱,用大一点的收纳盒、布袋或者其他你觉得合适的容器来代替也可以。

现在,你可以把所有待整理的物品一一放入纸箱中了。方法如下:

- 在**第一个纸箱**中放入需要保留的重要物品。
- 在**第二个纸箱**中放入你不需要的物品,比如你想送给他人或者捐出去的物品。
- 在**第三个纸箱**中放入介于上述两者之间的物品。

是保留还是扔掉？对于某些物品，我们的确很难做出抉择，这时，第三个纸箱正好派上用场。按照上述方法整理完毕后，你可以在第三个纸箱上写上日期，然后把它放在橱柜里或者阁楼上。如果一年之后，你发现其中一些物品完全没有用到，你就可以安心地把它们转赠他人或者处理掉了。对于那些你用到过的物品，你可以继续保留它们。

我的建议：

如果你想让房间焕然一新，那么你可以重新粉刷一下房间或者更换地板。为什么？因为这样你就必须彻底清空房间里的物品了。在这个过程中，你有充分的时间来判断哪些物品你仍然需要，哪些物品可以扔掉。

是时候来一次全面的
大扫除了！

哇，完成了！

直到现在，我仍然记得房间焕然一新之后我内心产生的那种美妙感觉。对于我的这一杰作，我真是自豪极了！我看着整洁漂亮的房间心花怒放，心中沉甸甸的石头终于落了下来，觉得一身轻松。照着我说的做，你也一定会有和我相同的感受。你已经跃跃欲试了，是不是？

如何使房间保持整洁

当然,每个人都希望自己的房间能一直保持刚收拾完后的完美状态,但这绝非易事。很快,我们的坏习惯就会开始发威,各种乱七八糟的东西又会重新占领房间的各个角落……如果我们只会收拾,却不懂得如何保持,那么结局只有一个——房间很快就会被"打回原形"。

有一个好办法能够避免这种情况发生,那就是每当你购买了一件新物品,就需要把一件旧物品从家里"踢"出去,以免房间再次变得乱糟糟的。此外,我这里还有一些小技巧,可以帮你践行极简主义,让你的房间长期保持整洁。

牢记下面的小技巧,它们能够帮你长久维持整理房间的兴趣,使房间长时间保持整洁。

 ## 扔掉它，就是扔掉包袱

对于那些你原本就想扔掉的东西，就不要再依依不舍了。舍不得扔东西的人最喜欢找的一个借口就是："我还可以把它当作礼物送给别人。"但情况真的是这样吗？别人会喜欢你原本想丢掉的东西吗？你又真的能送得出手吗？如果你的回答是肯定的，那就应该立马给你心仪的人选发一条短信或者写一封邮件，告诉他你房子里有一个小宝贝在等待他收留；如果你的回答是否定的——坦白说大多数人的答案都是如此——那就赶紧扔掉那些无用之物吧！

 ## 让常用的物品触手可及

你是否经常伏案工作？那么你无须起身、仅用双手就能触及的区域就是你的A区域。你应该在该区域放置自己经常使用的物品，正在处理的文件及工作中需要用到的材料也应该放到这个区域。不经常用到的和只是起到装饰作用的物品都应该放到其他区域，比如装饰性的小摆件和香水之类的物品就应该从A区域中消失。恰恰是这些细节彰显了极简主义精神：**只让真正重要的、常用的物品出现在你触手可及的区域！**

# 给收纳工具贴上标签

我们常把一些比较小的物品随手放在收纳盒或收纳袋里。或许今天我们还能清楚地记得它们存放的位置，但是明天呢？几周之后呢？

此时，标签就派上用场了。你可以给收纳盒或收纳袋贴上标签，注明里面存放的物品有哪些。这个方法不仅适用于收纳盒或收纳袋，也适用于文件夹。给收纳工具贴上标签有助于我们迅速找到需要的物品。

 ## 开启宝箱模式

对于那些我们不愿丢弃的"小宝贝",我们可不能随意摆放,它们应该有自己的位置。我们可以做一个"储物宝箱",它应该是一个真正的宝库,你只能把最珍贵的物品收纳进去。

理想的宝箱在外形上应该非常醒目,也就是说你可以很容易地注意到它的存在。你要事先规划好哪些物品可以放入自己的宝箱中。除了外形要醒目,宝箱的实用性也很重要。有许多实用的储物盒、收纳盒可供选择,比如内部是阶梯结构的收纳工具使用起来就非常方便。

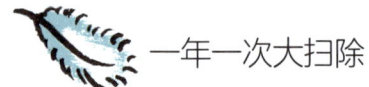 一年一次大扫除

当你掌握了足够多的收纳技巧并且应用自如之后,你完全可以在一段时间内随心所欲地生活。毕竟,谁愿意每天都花心思打扫房间呢?有时候我们只想把东西放到离我们远远的地方,不想花心思去想它是有用还是没用,所以把这些东西放到阁楼或者车库里是一种很让人省心的做法。但是也别放松过了头,毕竟如果这些地方被堆满了,收拾起来也是一件很麻烦的事。所以,你可以在每一年专门安排一个时间来进行大扫除。

时间管理中的极简主义

极简主义也可以应用到时间管理中。

如今,大多数人都会被同一个问题困扰,那就是用于工作的时间完全不够用。我们总是在一个又一个的工作任务间疲于奔命,耗尽了所有的精力。

你是不是感觉一天24小时根本不够用?

测试：你的时间够用吗？

1. 你是否经常在下班后继续工作，因为还没来得及完成所有的工作任务? ■ 是 ■ 否

2. 你是否经常忙得不可开交? ■ 是 ■ 否

3. 你是否希望减少每天的工作量? ■ 是 ■ 否

4. 你是否经常被迫同时处理多项工作? ■ 是 ■ 否

5. 你是否每晚都有大量事务需要处理，以至于总是很晚才上床睡觉? ■ 是 ■ 否

6. 你是否经常因为必须处理一些紧急事务而在约会时迟到? ■ 是 ■ 否

如果你的回答中有两个或两个以上的"是",你就很有必要仔细考虑一下如何提升自己的时间管理能力了。接下来我将向你展示一些我搜集和整理的技巧,相信这些技巧一定会对你大有帮助。

充分利用碎片时间

要做好时间管理,就要利用好碎片时间,也就是筛选出还没有得到有效利用的时间段,以便你的日程表上有更多的空间。这听起来很棒,但是在开始具体行动之前,首先要确保自己的确有一些碎片时间尚未得到利用。如果你的工作任务太多、负担太重,远远超出了你的能力范围,那么即使是世界上最好的时间管理方法也发挥不了作用。

记住,运用极简主义的理念进行时间管理的核心要点是:重新规划你的生活,腾出更多的时间,以便你的日程表上有更多的空间。

画重点

想要把极简主义的理念应用到时间管理中,首先要做的就是让自己的日程表上有更多的空间。为此,我们要理性地规划日程安排,而不是一股脑儿地把日程排得满满的。

停止胡思乱想,改善睡眠质量

无论是囤积的物品过多,还是日程安排得过满,都会给我们带来负担。因为我们总是担心不能按时完成所有的任务,所以到了夜晚,我们常常躺在床上辗转反侧,忧心忡忡。这些消极的情绪会引发一系列的身体反应,导致我们无法安然入睡。当我们熬了好几个小时,终于进入了梦乡之后,闹钟又快响起了……

我的建议：

入睡前，你应当尽可能地消除焦虑情绪。想要做到这一点，你需要分散自己的注意力，停止没有意义的胡思乱想，想办法让自己平静、放松下来。你可以尝试编一个故事，或是想象自己正在晒太阳、游泳、散步等。这些方法能够帮助你暂时忘记烦恼，更快地入睡。

当然,还有很多小技巧可以帮助你入睡,但是那些都不是长久之计。你应该更仔细地思考和规划自己的日程安排。

同时,你还要充分认识到失眠是身体发出的一个不可忽视的报警信号。长期的睡前焦虑甚至可能诱发惊恐症。如果你长期深受其扰,就需要和心理医生好好谈一谈了,毕竟高质量的睡眠对于维持我们的身心健康至关重要。

忘掉一切让你夜不能寐的东西,好好地睡一觉吧!

四象限法则

我们需要明白一件事：对我们来说，不是每一件事都是同等重要和紧急的。大多数人常常把大量的时间耗费在一些鸡毛蒜皮的事上，然后又会疑惑日子到底是怎么从指缝间溜走的。为了避免这种情况发生在自己身上，我习惯根据下面的法则对我手头的工作进行重要性和紧迫性程度的划分。

这个法则叫作**四象限法则**（也叫艾森豪威尔法则），创始人是第34任美国总统德怀特·戴维·艾森豪威尔。如今它被视作行之有效的时间管理法则。

只要先将自己要处理的事务根据重要性和紧迫性的程度进行划分，我们就能够更加轻松地应对它们。赶紧来试试吧！

对于重要但不紧急的事，我们可以更加从容地应对，不必急于完成。

擦窗户就是一个很好的例子。如果迎接春日第一缕阳光的是脏兮兮的玻璃，那真是有点煞风景。但是如果你手头上有许多事要处理，就没必要让这点小事给你增添新的麻烦。你当然不愿意一直和脏玻璃生活在一起，但是你可以挑选一个更合适的时间擦玻璃。

紧急但不重要的事必须尽快完成，但是这并不意味着你必须亲力亲为。 或许你可以把这些事委托给其他人来做？

我的建议：

对于紧急但不重要的事务，你可以大胆地把它委托给别人，比如那些不需要特别小心地处理的事务以及不需要依靠你的专业知识来完成的事务。仔细想一下，在工作和家庭生活中有哪些事务符合上述标准，以及哪些人能够代替你来完成这些事务。

对于重要且紧急的事，我们千万不能掉以轻心。我们往往会把主要精力用到更紧急的事上面，而没有充分考虑事情的重要程度。在紧急程度相差不大的事中，有些事显然更重要，比如为马上就要开始的一场非常关键的会议做准备，或是陪孩子去参加学校的庆祝活动。对于重要且紧急的事，你应该把它当作优先级最高的事来处理。这样你就能做到未雨绸缪，防患于未然。

对于那些既不重要也不紧急的事，我们应该思考是否还有完成它们的必要。即使这些事是必须完成的，我们也可以把它们放在最后处理。总之，按照这种方法处理繁杂的事务，工作效率会大幅度提高。是不是很棒？

制订日程表

如果要选择一个工作中绝对不能没有的工具，很多人会选择日程表。当然，没有它也不算什么大事——我的朋友玛丽埃尔就从来没有在工作中使用过日程表，她说她喜欢随性地安排每天要做的事。不过她常常忘记一些约会，也总是抱怨不能在规定的时间内完成工作。她常常为此焦虑不已。

使用日程表的人往往能更轻松地应对这一切。日程表能够帮助你规划好每一项工作和约会。别担心，制订日程表并不意味着你会无法应对那些突发事件，恰恰相反，当每天的日程一目了然地展现在你眼前的时候，你反而能够更轻松、从容地应对突发事件。

把所有必须完成的工作写下来，然后想一想其中哪些工作可以委派给别人处理。想好了就赶紧把工作交给他们吧！接下来，再看看还剩下哪些工作必须由你自己处理，它们的截止日期分别是什么时候。

　　接下来，把所有待办事项都写进你的日程表里。你可以把日程表贴在家门口，这样你在出入的时候就能够看到所有的日程安排。黑板贴也是个不错的小帮手。你可以把它贴在橱柜上，然后用粉笔把待办事项写在上面。每天晚上我都会用这个方法规划好第二天要做的事情。

我的日程表

9:00之前	吃早餐
9:00—11:30	为我的下一本书收集素材
12:00	~~和玛丽埃尔一起吃午餐~~（已推迟）
13:00—16:00	撰写第一章第二节的第一稿
16:00—18:00	擦窗户
19:00	和玛丽埃尔一起吃晚餐

将极简主义作为生活准则

践行极简主义不仅体现在将房间打扫干净上,还体现在节制欲望、追求简约的生活上。只要我们了解自己的价值追求,知道什么对自己而言是真正重要的,我们就能有针对性地规划整个人生,从而能够保持自我,不会在生活中迷失方向。

明确价值观和人生欲望

价值观是一个人对经济、政治、道德、金钱等方方面面所持有的总的看法。一个人的价值观决定了对他而言什么是重要的，什么是不重要的，什么是被欣赏的，什么是被拒绝的。价值观能够对一个人的人生产生深远的影响，并赋予这个人一种使命感。早在儿童时期，我们就从父母、兄弟姐妹和老师那里学会了什么行为是被允许的，什么行为会受到惩罚。对于"人们可以这样做"和"人们不可以这样做"的认知会帮助一个人找到人生方向。

人的16种基本欲望

人类行为动机领域的学者史蒂文·赖斯依据科学研究提出了人的16种基本欲望:

1. 权力:渴望获得成功和影响力。

2. 独立:渴望自主权。

3. 好奇:渴望发现新事物,获取新知识。

4. 接纳:渴望在集体中获得他人的认可。

5. 有序:渴望建立秩序。

6. 收集:渴望积累更多的物质财富。

7. 荣誉:渴望遵守传统的道德准则,有忠诚和高尚的美德。

8. 理想:追求社会公平、正义。

9. 社交:渴望建立和维护良好的人际关系。

10. 家庭:渴望和家人在一起以及养育子女。

11. 地位:渴望获得较高的社会地位。

12.反击：渴望讨回公道、报复他人。

13.浪漫：追求恋爱、美色、性爱。

14.食欲：渴望口腹之欲的满足。

15.运动：渴望运动，保持健美的身材。

16.安宁：渴望情绪平稳，内心宁静。

当然，上面所罗列的基本欲望我们每个人都可能会有，但不同个体对每种欲望的渴求程度相差甚远。

例如：有些人在运动方面欲望非常强烈。在平日的生活中，他们总是会以高昂的热情投入各项体育运动中，希望自己能保持良好的身材。而对一些人来说，运动却不是那么必需，他们更喜欢舒舒服服地躺在家里的沙发上休息。

如果我们知道了自己的欲望，就能够更好地理解自己。接下来，我为你们准备了一个小测试。**来看看哪些东西对你来说是真正重要的吧！**

测试：你的欲望是什么？

下面有16道选择题，每一道都有两个选项，选出其中更符合你的想法和实际情况的那一项吧！

1.权力

↑ A：我觉得领导职位非常适合我。

↓ B：我并不想要掌握话语权。

2.独立

↑ A：我喜欢独立自主地做自己的工作。

↓ B：我更喜欢从事集体项目。

3.好奇

↑ A：我喜欢了解新鲜事物并开展相关研究。

↓ B：我并不需要了解所有的事物，我也不喜欢问"为什么"。

4.接纳

↑ A：我渴望在集体中获得认可，被他人接纳和爱戴。

↓ B：我并不怎么在乎别人对我的看法。

5.有序

↑ A：我喜欢干净整洁的房间。

↓ B：我不需要一切都整整齐齐的，房间杂乱一点对我来说不算什么。

6.收集

↑ A：有时候我有些吝啬，慷慨地花钱对我来说有点困难。

↓ B：我很少有节约的意识，花钱经常大手大脚。

7.荣誉

↑ A：我非常在乎忠诚。对于那些重要的人，我愿意始终保持忠诚，始终坚定地支持他们。

↓ B：遇到双方争执不下的情况，有时我不知道该站在哪一边。

8.理想

↑ A：所有人都应该拥有相同的机会，并受到公平对待。我愿意为实现这个目标而奋斗。

↓ B：生活本身就是不公平的，人们没法改变这一点。

9.社交

↑ A：我有许多朋友，还想认识更多的新朋友。

↓ B：我的朋友很少，我更像一个独行者。

10.家庭

↑ A：我是一个看重家庭的人。

↓ B：我想做一个独立的人，而不是依附于家庭的人。

11.地位

↑ A：我想拥有较高的声望和社会地位。

↓ B：身处高位也意味着肩负压力，相比之下，我更乐意做一个普通人。

12.反击

↑ A：如果有人待我不公，我内心就会产生报复的想法。

↓ B：我不是一个报复心很强的人，我很容易宽恕他人。

13.浪漫

↑ A：我喜欢有情调和浪漫的氛围。

↓ B：烛光晚餐和浪漫情诗对我没什么吸引力。我是一个务实的人。

14.食欲

↑ A：我很注重自己的饮食，喜爱做饭、吃饭并享受这个过程。

↓ B：我很少关心自己的一日三餐，常常吃快餐对付一下。

15.运动

↑ A：我喜欢有规律地进行体育锻炼。

↓ B：我比较反感运动。如果不是非做不可，我都会尽量逃避运动。

16. 安宁

↑ A：放松和休息对我来说很重要。我喜欢一个人休息和放松，不喜欢被他人打扰。

↓ B：我喜欢周围热热闹闹的。一旦周围安静下来，我就觉得无聊得要命。

你是否在做这个测试的过程中对自己有了更深入的了解？如果你选择了选项A，说明你在不同程度上拥有这种人生欲望。那些你拥有的人生欲望包含了你最看重的需求，对你的人生有决定性的影响。因此，如果你想奉行极简主义的生活态度，就要把精力集中在那些符合你需求的选项上，因为这些东西对你而言更重要，能够给你带来真正的快乐。

忠于自己的内心！

找到自己的目标

你看过一部叫作《敲开天堂的门》的电影吗？这部公路电影的主角是两个身患不治之症的病人，他们在医院相遇并且成为至交。两人自知时日无多，死亡随时会来临。因为其中一个病人还没有见过大海，于是他们决定从医院逃离，实现看海的愿望。他们还把自己在生命的最后时刻想做的事情列了一个清单。这是一部精彩绝伦的电影，对我们也极具启发意义。

我们也可以制订一份类似的愿望清单。静下心来好好想一想：什么对自己来说是最重要的？最想实现的愿望是什么？哪些事情自己必须经历一番，才能在晚年回忆人生时心满意足？自己的人生目标是什么？

把所有想到的都写下来，然后把这份清单搁置在一旁，再花一周的时间重新思考一下这些问题。一周后，再次拿出清单，仔细检查是否还有要补充或者删除的事项。有些东西看起来也许很重要，但经过思考之后我们可能会发现并非如此。**通过不断思考，我们会越来越清晰地知道对自己来说最重要的事情是什么，而这些事情就是我们绝对不能忽视的人生目标。**

我的人生目标

如何设定目标

俗话说：新年新气象。许多人渴望从新年的第一天开始让一切都变得与众不同，为此，他们会雄心勃勃地制订一堆新年计划。但大多数情况下，他们最多为此努力到1月底，接着一切就会恢复原样。究竟是什么让他们半途而废呢？

原因之一在于他们没有花足够多的心思去合理地制订计划和设定目标。幸好，在这方面，有很多学者已经进行了足够深入的研究，并且有大量经过实践检验的行之有效的方法能够帮助人们更科学地设定目标，并最终实现这些目标。

那么接下来，就让我们来一窥这些研究成果的奥秘吧。**照着下面的方法做，也许我们就能够在下一个新年前夜开心地为目标顺利完成而庆祝了！**

我们究竟应该怎样设定目标呢？美国学者洛克提出的目标设置理论为我们指明了方向。这个理论认为，目标本身就具有激励作用，设置合理的目标会使人产生想达到该目标的成就需要，因而对人具有强烈的激励作用。重视并尽可能设定合理的目标是激发动力的重要条件。只要目标尚未达成，我们就会不断地朝着目标努力前进。对此，你应该也有亲身体验：一旦你彻底沉浸在某项工作中时，往往很难从中抽离出来。

孩子们也是如此，比如，他们特别容易沉迷于玩电脑游戏。只要他们没有玩过某一关，就会觉得浑身难受，意犹未尽，很难关闭游戏界面。

没有打通关的电脑游戏，清理了几小时、看上去仍不完美的花园，没有彻底打扫干净的厨房……所有这一切都会让我们觉得不满足。

目标设置理论指出,通过设定具体,可测量,挑战性、现实性和时间性强的目标可以提高绩效水平。也就是说,我们设定的目标既要有一定难度,又要在能力范围之内。比如,如果你设定的目标只是玩游戏,那么这个目标对你来说是没有激励作用的。挑战性强的目标更能激发人的动力。

请想象一下下面这个场景:你个人并不在乎花园中是否有杂草,所以你没有打理花园的动力,能够与未经打理的花园和平共处。但是有一天,你的婆婆突然到访。显然,她的想法和你不同,因为她对花园的情况表示了强烈的不满:"天哪,花园成什么样子了!到处都是杂草,简直惨不忍睹!"

为了避免和婆婆发生争吵，你开始关心屋子后面的那片绿地。但是由于你对花园的整齐程度没有太高的要求，你的目标感就很弱。而且对于要把花园整理成什么样子，你的话语权也很少，因为你必须尊重婆婆的意见，这会进一步削弱你实现目标的动力。结果就是，你可能会采取只清除一半的杂草，或用其他东西来掩藏杂草的方式来应付这项工作。

除了动力，影响目标实现的另一个重要因素是**反馈**。也就是说，你需要从工作中获得反馈。如果婆婆在你下了一番苦功夫整理好花园后刚好前来拜访，并对你进行了表扬，你心里一定会舒服很多。尽管你不会把拥有一个精心打理过的花园当作自己的目标，但是他人的反馈能够产生一定的激励作用。

画重点

如果你想有所作为，取得一定的成果，就应当在自己的能力范围内，把目标设定得更高一些，而且这个目标应该是具体的、对你来说具有重要意义的，这样你的动力才会更强。理想情况下，还应该有一个人不断地给予你正向的反馈，这样可以激励你为了实现目标而不懈努力。

科学地设定目标
对目标的实现至关重要。

SMART原则

你听说过"SMART原则"吗?它概括了目标需要具备的特征,分别是:

- S=Specific(具体的):目标必须是具体的。
- M=Measurable(可衡量的):目标必须是可以衡量的。
- A=Attainable(可实现的):目标是在付出努力的情况下可以实现的。
- R=Relevant(相关性):目标必须是实际的,且与其他目标具有相关性。
- T=Time-based(有明确的时间期限):目标必须有明确的截止日期。

越具体的目标越具有激励作用，因为它清楚地指明了我们具体想要实现什么愿望。我的朋友法比亚娜曾经许下心愿："我要在新的一年变得更苗条。"但是怎样就算变苗条了呢？这个目标又该如何实现呢？如果她在夏天慢跑几次，体重轻了一点点，目标就算达成了吗？很难说。所以没过多久，她这个美好的愿望就被抛到脑后了。

于是第二年，她想出了一个更为具体的目标："每周我至少要慢跑一小时。"然后，神奇的事情发生了，这个具体的目标实现了。如今，她每周都要慢跑好几次，甚至已经开始准备她的第一次马拉松比赛了。

为什么会这样呢？因为她有强烈的意愿追求健美的身材，且她的目标是具体的、可衡量的，所以这个目标对她来说极具吸引力。**这是取得成功的重要前提！**

掌控进度

还有一点需要你在设定目标时特别注意：过于宏大的目标会让人望而生畏。进行全屋大扫除、彻底翻新花园、取得高级职称——所有这些目标都需要分步骤、分阶段来实现，我们不可能一步到位，一下子实现整个目标。

因此你得好好想想，你的大目标可以分为哪些子目标，然后踏踏实实地依次完成。你还记得前几章介绍的关于大扫除时的功能分区吗？原理都是相通的。稳扎稳打地逐步完成每一个子目标，最终你就能将终极目标变为现实。

我的建议：

如果你想要过上极简生活，首先就要明确自己想要追求的是什么，然后全身心地追求对你来说具有重要意义的东西。只要我们不把时间浪费在琐碎的事情和多余的杂念上，我们就能够获得自己真正想要的东西。

结语

少即是多。 就物质财富而言,对我们身边的物品进行一次彻底的清理会让生活焕然一新。但实际上,极简主义理念覆盖的范围要广得多,它可以延展到我们生活中的各个领域。

极简主义最核心的理念是要关注你生命中真正重要的东西。 小到布置房间、处理工作事务和制订日程表,大到规划个人的人生目标,极简主义的理念都是适用的。

对我来说,建立极简主义的生活方式的过程给我带来了巨大的意外之喜。我们生活的时代是一个物质过剩的时代,也是一个过分忙碌的时代。很多人沉溺于纸醉金迷之中,享受着消费的快乐,然后在这个过程中逐渐迷失自我,忘掉了自己真正想要的是什么。

舍弃并不会让你缺少什么，恰恰相反，如果我们能够真正从那些我们根本不需要的东西中脱身，我们就能够更加充分地享受那些对我们来说真正有价值的东西带给我们的快乐。只要我们不再被那些琐碎的事务牵绊，就能够积攒足够的能量去关注和实现那些最重要的人生目标。

我希望这本书能够为你带来启发，激励你去践行一些极简主义理念。从现在开始，鼓起勇气，学会放手，扔掉包袱吧！

从现在开始，重新规划你的人生吧，亲身体验极简主义对你的解放吧！

米苏夫人